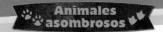
Animales asombrosos

Abejas melíferas

Valor posicional

Kristy Stark, M.A.Ed.

Asesora

Lorrie McConnell, M.A.
Especialista de capacitación profesional TK–12
Moreno Valley USD, CA

Créditos de publicación

Rachelle Cracchiolo, M.S.Ed., *Editora comercial*
Conni Medina, M.A.Ed., *Gerente editorial*
Dona Herweck Rice, *Realizadora de la serie*
Emily R. Smith, M.A.Ed., *Realizadora de la serie*
Diana Kenney, M.A.Ed., NBCT, *Directora de contenido*
June Kikuchi, *Directora de contenido*
Caroline Gasca, M.S.Ed., *Editora superior*
Stacy Monsman, M.A., *Editora*
Michelle Jovin, M.A., *Editora asociada*
Sam Morales, M.A., *Editor asociado*
Fabiola Sepúlveda, *Diseñadora gráfica*
Jill Malcolm, *Diseñadora gráfica básica*

Créditos de imágenes: pág.9 (superior) Lois Elvey/Stockimo/Alamy; pág.27
A Katz/Shutterstock; todas las demás imágenes de iStock y/o Shutterstock.

Library of Congress Cataloging-in-Publication Data

Names: Stark, Kristy, author.
Title: Abejas melíferas : valor posicional / Kristy Stark.
Other titles: Honeybees. Spanish
Description: Huntington Beach : Teacher Created Materials, [2018] | Series:
  Animales asombrosos | Audience: Age 8. | Audience: K to Grade 3. |
  Includes index. |
Identifiers: LCCN 2018007588 (print) | LCCN 2018012124 (ebook) | ISBN
  9781425823214 (eBook) | ISBN 9781425828592 (paperback)
Subjects: LCSH: Honeybee--Juvenile literature.
Classification: LCC QL737.U56 (ebook) | LCC QL737.U56 S734518 2018 (print) |
  DDC 595.79/9--dc23
LC record available at https://lccn.loc.gov/2018007588

Teacher Created Materials

5301 Oceanus Drive
Huntington Beach, CA 92649-1030
www.tcmpub.com

ISBN 978-1-4258-2859-2

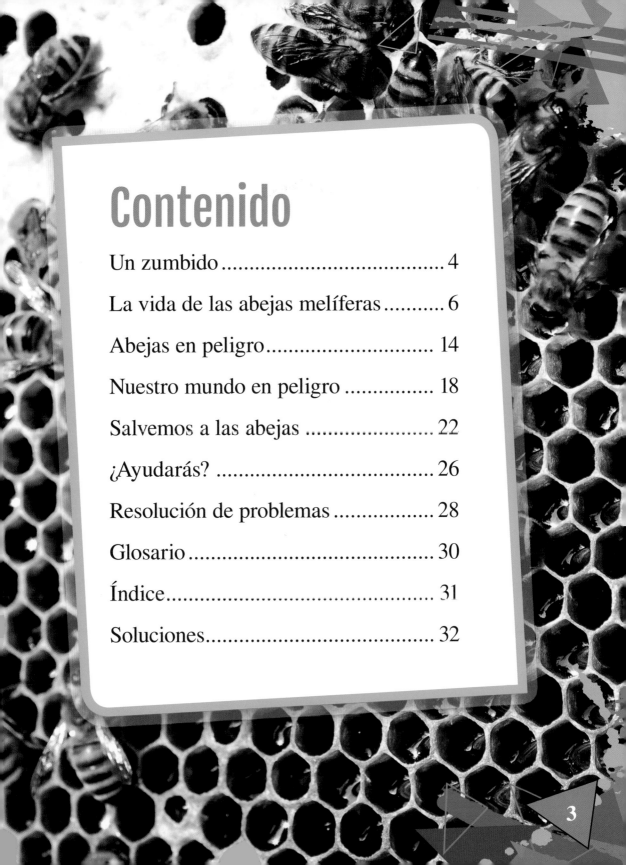

Contenido

Un zumbido

¿Has visto volar una abeja? Es probable que hayas visto abejas zumbando alrededor de plantas y flores. ¿Te has preguntado qué hacían las abejas?

Tal vez pienses que las abejas vuelan por ahí para picar a las personas. Pero eso no es cierto. Las abejas solo pican si tienen miedo o si las molestan.

Las abejas melíferas prefieren hacer sus trabajos en vez de picar a las personas. Sus trabajos son muy importantes.

colmena

La vida de las abejas melíferas

Uno de los trabajos de las abejas melíferas es construir sus casas. Pero no lo hacen solas. Las abejas melíferas viven en grandes grupos llamados **colonias**. Las colonias trabajan juntas para construir sus casas. Estas casas se llaman colmenas. La mayoría de las veces, las abejas construyen sus colmenas en árboles.

La miel que compran las personas en las tiendas proviene de apiarios. Las abejas de apiarios no construyen sus colmenas en árboles como las abejas melíferas silvestres. Las abejas de apiarios viven en grandes cajas que se usan como sus colmenas.

Las abejas de apiarios usan cajas como estas como sus colmenas.

Observa la imagen a continuación. Halla la cantidad de abejas.

¿Cuál de las siguientes muestra la cantidad de abejas en la imagen?

A. ⬚⬚⬚⬚⬚⬚⬚⬚

B. ⬚⬚⬚⬚⬚⬚⬚⬚⬚⬚⬚

C. ⬚⬚⬚⬚⬚⬚⬚⬚⬚⬚⬚

Las abejas melíferas tienen otro trabajo. Hacen miel del néctar. El néctar es un jugo dulce que se encuentra en las flores. A las abejas les encanta cómo sabe. Se pasan el día buscando néctar. ¡Una abeja puede beber néctar de cientos y cientos de flores cada día!

Las abejas melíferas usan sus lenguas largas para beber el néctar de las flores. Cuando se sacian, vuelven a las colmenas. Allí, escupen dentro de la boca de otras abejas. Estas abejas mastican el néctar unos 30 minutos. Luego, lo escupen dentro del panal de la colmena.

abejas en un panal

Una abeja melífera usa la lengua para succionar el néctar de las flores.

Estas abejas secan la miel en un panal.

El siguiente paso es secar el néctar. El néctar se secará solo. Pero las abejas melíferas pueden acelerar este **proceso**. Comienzan a agitar las alas muy rápido. ¡Las abejas pueden sacudir las alas cerca de doscientas veces por segundo! Las alas funcionan como pequeños ventiladores. El néctar se convierte en miel espesa y suave cuando se seca.

Las abejas melíferas pueden sacudir las alas cerca de doscientas veces por segundo. ¿Cuál de las siguientes muestra el número más cercano a doscientos?

A.

B.

C.

Ayudar a las plantas

Las abejas melíferas fabrican la miel que comen las personas. Pero eso no es todo. Las abejas también ayudan a las flores. Las flores tienen un polvo llamado polen. Este se adhiere a las abejas cuando se posan en las flores. Las abejas llevan el polen de flor en flor cuando beben el néctar. Este proceso se llama **polinización**. Ayuda a que las flores generen semillas para que crezcan plantas nuevas.

Esta abeja está cubierta de polen.

Hay 10 árboles frutales. Cada árbol tiene 10 abejas melíferas bebiendo néctar de sus flores.

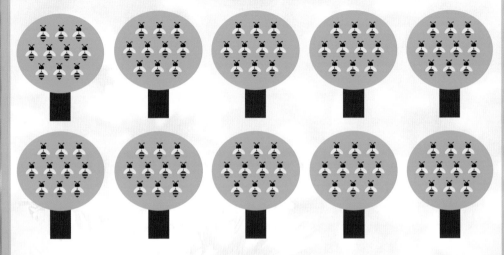

1. ¿Cuál de las siguientes muestra la cantidad de abejas en 1 árbol?

   A. ⬚

   B. ⬚

   C. ⬚

2. ¿Cuál de las siguientes muestra la cantidad de abejas en todos los árboles?

   A. ⬚

   B. ⬚

   C. ⬚

Abejas en peligro

Las abejas melíferas ayudan a las plantas y a los animales. Muchos animales comen las plantas a las que las abejas ayudan a crecer. Estos animales **dependen** de las abejas. Sin las abejas, su vida cambiaría.

Pero las abejas están en peligro. Están muriendo por los **químicos** que se usan para matar insectos. Los granjeros quieren evitar que los insectos coman sus **cultivos**. Los químicos que rocían para matar esos insectos también pueden dañar a las abejas.

Las abejas polinizan muchos cultivos, incluidos los limoneros.

Dos granjeros rocían químicos en las plantas para matar insectos.

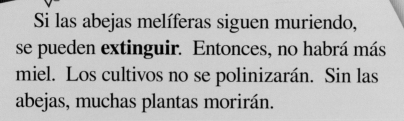

Si las abejas melíferas siguen muriendo, se pueden **extinguir**. Entonces, no habrá más miel. Los cultivos no se polinizarán. Sin las abejas, muchas plantas morirán.

Los árboles frutales y de frutos secos no darán alimentos para que comamos. No habrá más almendras. Las manzanas y los duraznos también dejarán de crecer. Las personas no podrán comer muchos de los alimentos que les gustan.

Dos niños disfrutan comiendo fruta.

Todos los árboles que dan estas frutas necesitan ser polinizados.

Nuestro mundo en peligro

Las abejas melíferas pueden **afectar** a muchas cosas a su alrededor. Las abejas son insectos pequeños. Pero juegan un papel importante en la **cadena alimentaria** de la Tierra.

Sin las abejas, **criaturas** como las ardillas y los ratones no tendrán bayas ni semillas para comer. Estos pequeños animales morirán si no pueden alimentarse.

EXPLOREMOS LAS MATEMÁTICAS

1. Hay 100 + 40 + 6 ratones comiendo bayas en un campo. Escribe un número para mostrar cuántos ratones hay.

2. En el mismo campo, hay 192 ardillas comiendo bellotas. Escribe 192 como un total de centenas, decenas y unidades.

Una abeja melífera lleva el polen de una planta a otra.

Las bayas crecen cuando la planta ha sido polinizada.

Un ratón come las bayas.

Los animales pequeños son la comida de los animales grandes. Muchos animales grandes, como búhos y zorros, se alimentan de animales pequeños, como ratones y ardillas. Las criaturas grandes morirán si no pueden alimentarse.

Las abejas afectan a muchas otras criaturas en nuestro mundo. Sin las abejas, nuestra vida cambiará. Muchas plantas no crecerán. Muchos animales morirán.

Los zorros y los búhos comen ratones.

Un ratón come bayas.

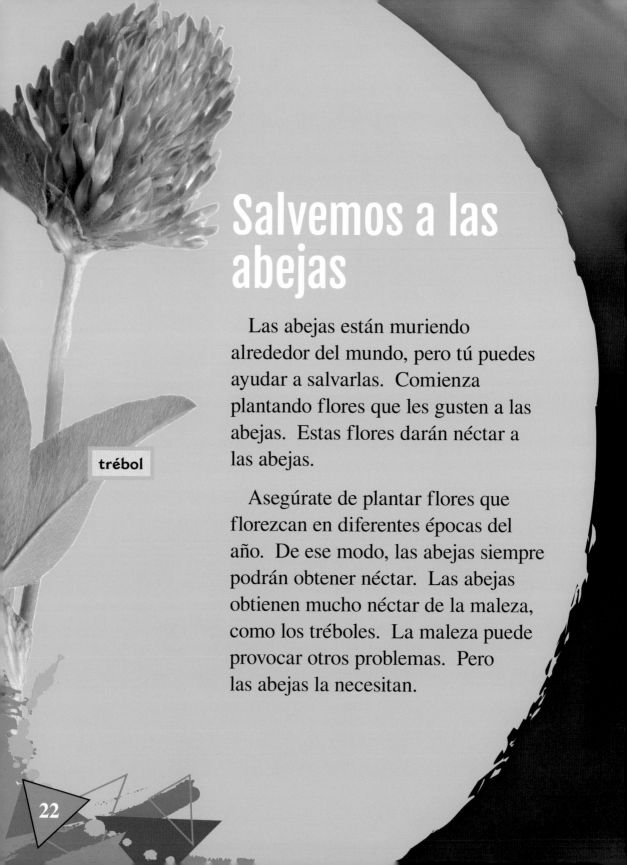

Salvemos a las abejas

Las abejas están muriendo alrededor del mundo, pero tú puedes ayudar a salvarlas. Comienza plantando flores que les gusten a las abejas. Estas flores darán néctar a las abejas.

Asegúrate de plantar flores que florezcan en diferentes épocas del año. De ese modo, las abejas siempre podrán obtener néctar. Las abejas obtienen mucho néctar de la maleza, como los tréboles. La maleza puede provocar otros problemas. Pero las abejas la necesitan.

trébol

Una abeja melífera bebe
el néctar de un trébol.

23

También puedes ayudar a las abejas si no rocías químicos en las plantas. Los químicos enferman a las abejas. Si tienes abejas en tu jardín, pide a un adulto que llame a un apicultor. Los apicultores están preparados para trabajar con abejas. Pueden sacarlas de tu jardín. Entonces, pueden trasladar la colmena a un lugar seguro.

Un apicultor traslada una colmena en un apiario.

Las colmenas grandes pueden tener más de 50,000 abejas melíferas.

¿Ayudarás?

Las abejas melíferas tienen muchos trabajos importantes. Fabrican miel para que coman las personas y ayudan a que las plantas crezcan. También ayudan a generar alimento para muchos animales.

Todos tendremos problemas sin las abejas melíferas. Nuestra vida cambiará. Pero pequeños cambios pueden ayudar a salvarlas. Comienza hoy a ayudar a las abejas. Depende de todos nosotros mantener a salvo a las abejas.

Estas personas quieren que los granjeros dejen de usar químicos en los cultivos.

NO BEES
NO FRUITS
NO VEGETABLES

GIVE BEES A CHANCE
NO GMO
NO GMOS
NO PESTICIDES

Resolución de problemas

José y Makayla tienen abejas en su apiario. Primero, las abejas fabrican miel. Luego, ellos venden la miel.

1. José y Makayla tienen 52 cajas de colmena. ¿Cuál de las siguientes muestra 52?

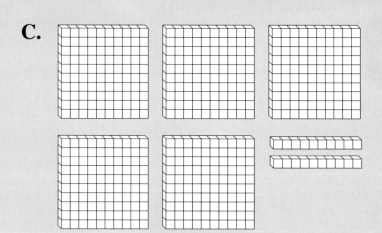

2. José y Makayla agregan 8 cajas de colmena más. ¿Cuántas cajas de colmena tienen ahora? ¿Cómo lo sabes?

3. Las abejas del apiario fabrican 108 libras de miel en un mes.

   a. Escribe 108 como un total de centenas, decenas y unidades.

   b. Dibuja la recta numérica a continuación y marca 108.

Glosario

afectar: actuar sobre una persona o cosa y generar un cambio

cadena alimentaria: una cadena de acontecimientos en la que un tipo de ser vivo es alimento de otro tipo de ser vivo

colonias: grupos de personas o cosas similares que viven en un lugar

criaturas: tipos de animales

cultivos: grupos de plantas que obtienen los granjeros

dependen: necesitan o cuentan con alguien o algo

extinguir: dejar de existir en el mundo

polinización: el acto de trasladar polen de una planta a otra

proceso: una serie de acciones que producen algo o hacen que algo ocurra

químicos: sustancias que tienen características específicas

Índice

Soluciones

Exploremos las matemáticas

página 7:

B y C

página 11:

A

página 13:

1. A y C

2. B

página 18:

1. 146 ratones

2. $100 + 90 + 2$

Resolución de problemas

1. A y D

2. 60 cajas de colmena; las respuestas variarán, pero pueden incluir $52 + 8 = 60$.

3. **a.** $100 + 0 + 8$

   b.

   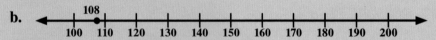